تدريب قادة حقيقيين

دليل المشارك

تدريب قادة حقيقيين
دليل المشارك

ألفه الدكتور دانيال ب. لانكستر.

الناشر: T4T Press

الطبعة الأولى، 2013

مطبوع ISBN 978-1-938920-00-4

المحتوى

التدريب

المراجع

1

الترحيب

يقوم المدربين والقادة بتقديم بعضهم البعض في الدرس الأول. ثم يتعلم القادة الفارق بين الطريقتين اليونانية والعبرية في التدريب. إستخدم يسوع كلتا الطريقتين وعلينا أن نفعل الشيء ذاته. الطريقة العبرية تعتبر مفيدة للغاية في تدريب القادة وهي الطريقة الأكثر إستخداماً في تدريب قادة حقيقيين.

الهدف من الدرس هو فهم القادة لإستراتيجية يسوع للوصول إلى العالم. الأجزاء الخمسة من إستراتيجية يسوع وتضم ما يلي: النشوء في طاعة الرب، مشاركة الإنجيل، التلمذة، إنشاء المجموعات التي تصبح كنائس فيما بعد، وتدريب القادة. ويراجع القادة دروس الجزء الأول من إتباع تدريب يسوع: خلق تلاميذ حقيقيين والذي يعمل على تجهيز المؤمنين لتحقيق النجاح في كل جزء من إستراتيجية يسوع. ويتدرب القادة أيضاً على وضع رؤية لإستراتيجية إتباع يسوع يستطيعون تقديمها للآخرين. وينتهي الدرس بالتحفيز على إتباع يسوع وطاعة أوامره في كل يوم.

الحمد والثناء

البدأ

تقديم المدربين

تقديم القادة

كيف درب يسوع القادة؟

الخطة

من الذي يبني الكنيسة؟

-متى 18:16-
وأنا أيضاً أقول لك: أنت صخر. وعلى هذه الصخرة
أبني كنيستي وأبواب الجحيم لن تقوى عليها! (NLT)

لماذا نهتم بمن يبني الكنيسة؟

-المزمور 127:1-
إن لم يبن الرب البيت، فباطلاً يتعب البناؤون. وإن لم
يحرس الرب المدينة فباطلاً يسهر الحارس. (HCSB)

كيف يبني يسوع كنيسته؟

_____ .1

-لوقا 2:52-
أما يسوع فكان يتقدم في الحكمة والقامة،
وفي النعمة عنج الله والناس. (CEV)

-لوقا 4:14-
وعاد يسوع إلى منطقة الجليل بقدرة الروح، وذاع
صيته في القرى المجاورة كلها. (NASB)

🖐 إرفع ذراعيك للأعلى وقف كرجل قوي.

_____ .2

-مرقس 1:14،15-
وبعدما ألقى القبض على يوحنا، إنطلق يسوع إلى
منطقة الجليل، يبشر بإنجيل الله قائلاً: قد إكتمل الزمات
وإقترب ملكوت الله فتوبوا وآمنوا بالإنجيل! (NLT)

🖐 حرك يدك اليمنى كما لو كنت تنثر البذور.

3.

-متى 4:19-

فقال لهما: هيا إتبعاني، فأجعلكما صيادين للناس!

🖐 وضع اليدين على القلب ثم رفعهما في وضع
التعبد. وضع اليدين على الخصر ثم رفعهما في
وضعية الصلاة. الإشارة باليدين إلى الرأس ثم
خفضهما كما لو كنت تقرأ كتاب. رفع اليدين
والوقوف كرجل قوي، ثم القيام بتحريك اليدين كما
لو كنت تنثر البذور.

4.

-متى 16:18-

وأنا أيضاً أقول لك: أنت صخر. وعلى هذه الصخرة
أبني كنيستي وأبواب الجحيم لن تقوى عليها!

🖐 تحريك اليدين كما لو كنت تدعو الناس للإلتفاف
حولك.

5.

-متى 10:5-8-

هؤلاء الإثنا عشر رسولاً، أرسلهم يسوع وقد أوصاهم
قائلاً: لا تسلكوا طريقاً إلى الأمم، ولا تدخلوا مدينة

سامرية. بل إذهبوا بالأخرى إلى الخراف الضالة، إلى بيت إسرائيل. وفيما أنتم ذاهبون بشروا قائلين: قد إقترب ملكوت السماوات. المرضى أشفوا، والموتى أقيموا، والبرص طهروا، والشياطين أطردوا. مجاناً أخذتم، فمجاناً أعطوا!

🖐 الوقوف وإلقاء التحية وكأنك جندي.

آية الحفظ

-1 كورنثوس 1:11-
فإقتدوا بي كما أقتدي أنا بالمسيح! (NAS)

الممارسة

المرحلة النهائية

يقول يسوع ''إتبعني''

-متى 9:9-
وفيما كان يسوع ماراً بالقرب من مكتب جباية الضرائب، رأى جابياً إسمه متى جالساً هناك. فقال له: ''إتبعني!'' فقام وتبعه.

2

إتباع طريقة تدريب يسوع

هناك مشكلة شائعة في الكنائس أو المجموعات النامية وهي الحاجة إلى مزيد من القادة. وغالباً ما تفشل عمليات تدريب القادة مبكراً لأنه ليست لدينا عملية بسيطة لنتبعها. الهدف من هذا الدرس هو شرح كيف درب يسوع القادة، حتى يمكننا إتباعه.

لقد درب يسوع القادة من خلال سؤالهم عن مستوى التقدم الذي أحرزوه في مهمتهم ومناقشة المشاكل التي قد تواجه القادة. كان يصلي من أجلهم أيضاً، ويساعدهم في وضع خطط لتعزيز مهمتهم. وكانت ممارستهم للمهارات التي قد يحتاجون إليها في مهامهم الدعوية في المستقبل تعد جزءاً هاماً من تدريبهم. في الدرس 2، يقوم القادة بتطبيق عملية تدريب القيادة إلى مجموعاتهم كما فعلوا في إستراتيجية يسوع للوصول إلى العالم. وأخيراً، يقوم القادة برسم "شجرة التدريب" والتي سوف تساعدهم على تنسيق التدريب والصلاة من أجل القادة الذين يقومون بتدريبهم.

الحمد والثناء

مستوى التقدم

المشكلة

الخطة

المراجعة

الترحيب
من الذي يبني الكنيسة؟
لماذا نهتم بمن يبني الكنيسة؟
كيف يبني يسوع كنيسته؟

1- كورنثوس 11:1 -فإقتدوا بي كما أقتدي أنا بالمسيح! (NAS)

كيف درب يسوع القادة؟

-لوقا 17:10
وبعدئذ رجع الإثنان والسبعون فرحين، وقالوا: "يارب، حتى الشياطين تخضع لنا بإسمك!" (NLT)

1. ـــــــــــــــــــــــــــــــــــــ

🖐 قم بثني يديك معاً ةتحريكهما إلى الأمام.

-متى 19:17-
ثم تقدم التلاميذ إلى يسوع على إنفراد وسألوه:
"لماذا عجزنا نحن أن نطرد الشيطان؟" (NLT)

_____ .2

🖐 ضع يديك على رأسك وتظاهر بأنك تشد في شعرك.

-لوقا 1:10-
وبعد ذلك عين الرب أيضاً إثنين وسبعين
آخرين، وأرسلهم إثنين إثنين، ليسبقوه إلى كل
مدينة ومكان كان على وشك الذهاب إليه.

_____ .3

🖐 إبسط يديك اليسرى كما لو كانت ورقة وأكتب
عليها بيدك اليمنى.

-يوحنا 2-1:4
ولما عرف الرب ان الفريسيين سمعوا أنه يتخذ
تلاميذ ويعمد أكثر من يوحنا، مع أن يسوع
نفسه لم يكن يعمد بل تلاميذه. (NLT)

4. _____

🖐 حرك ذراعيك إلى أعلى وإلى أسفل كما لو كنت ترفع الأثقال.

-لوقا 22:31-32-
وقال الرب "سمعان، سمعان! ها إن الشيطان قد طلبكم لكي يغربلكم كما يغربل القمح، ولكني تضرعت لأجلك لكي لا يخيب إيمانك. وأنت بعد أن تسترد، ثبت إخوتك". (CEV)

5. _____

🖐 ضع يديك في "وضع الصلاة" بالقرب من وجهك.

آية الحفظ

-لوقا 6:40-
ليس التلميذ أرفع من معلمه، بل كل من يتكمل يصير مثل معلمه! (HCSB)

الممارسة

المرحلة النهائية

شجرة التدريب

3

إتباع طريقة قيادة يسوع

يسوع المسيح هو أعظم قائد على مر العصور. لم يؤثر أحد على أناس أكثر مما فعل يسوع. الدرس 3 يقدم لكم سبع خصائص للقائد العظيم، إعتماداً على أسلوب قيادة يسوع. مما ينعكس على تقوية أو إضعاف التجارب القيادية للقادة. وينتهي الدرس بلعبة بناء الفريق الذي يعرفنا على قوة "القيادة المشتركة."

كل شيء يكون على عاتق القائد، لذلك سوف نتعرف على الكيفية التي قاد بها يسوع تلاميذه، حتى نتمكن من تقليده. لقد أحبهم يسوع حباً كبيراً، وفهم مهمته، وعرف مشاكل المجموعة، وأعطى أتباعه مثالاً ليحتذوا به، وكان لطيفاً معهم، وكان يعلم أن الرب يبارك طاعته. كل شيء ينبع من قلوبنا. لذلك، فإن قلوبنا هي النقطة التي يجب أن نبدأ بها كقادة.

الحمد والثناء

مستوى التقدم

المشكلة

الخطة

المراجعة

الترحيب
من الذي يبني الكنيسة؟
لماذا نهتم بمن يبني الكنيسة؟
كيف يبني يسوع كنيسته؟

1- كورنثوس -1:11 فإقتدوا بي كما
أقتدي أنا بالمسيح! (NAS)

إتباع طريقة تدريب يسوع
كيف درب يسوع القادة؟

لوقا 40:6- ليس التلميذ أرفع من معلمه، بل
كل من يتكمل يصير مثل معلمه! (HCSB)

كيف وصف يسوع القائد العظيم؟

-متى 20:25-28-

فإستدعاهم يسوع جميعاً وقال: "تعلمون أن حكام الأمم يسودونهم، وعظماءهم يتسلكون عليهم. وأما أنتم، فلا يكن ذلك بينكم، وإنما أي من أراد أن يصير عظيماً بينكم، فليكن لكم خادماً، وأي من أراد أن يصير أولاً فيكم، فليكن لكم عبداً، فهكذا إبن الإنسان: قد جاء لا ليخدم، بل ليخدم ويبذل نفسه فدية عن كثيرين." (NLT)

✋ ألقي التحية كجندي ثم ضع يديك معاً وإنحني كالخادم.

ما هي الصفات السبع للقائد العظيم؟

-يوحنا 13:1-17-

[1] وقبيل عيد الفصح، ويسوع عالم أن ساعته قد حانت ليرحل من هذا العالم إلى الآب، فإذ كان قد أحب خاصته الذين في العالم، أحبهم الآن أقصى المحبة.
[2] ففي أثناء العشاء، وكان الشيطان قد وضع في قلب يهودا بن سمعان الإسخريوطي أن يخون يسوع.
[3] وكان يسوع عالماً أن الآب قد جعل كل شيء في يديه وأنه من الله خرج وإلى الله سيعود.
[4] نهض عن مائدة العشاء، وخلع رداءه وأخذ منشفة لفها على وسطه.
[5] ثم صب ماء في وعاء للغسل، وبدأ يغسل أقدام التلاميذ ويمسحها بالمنشفة التي على وسطه.

6 فلما وصل إلى سمعان بطرس، قال له سمعان: "يا سيد، أنت تغسل قدمي!"

7 فأجابه يسوع: "أنت الآن لا تفهم ما أعمله، ولكنك ستفهم فيما بعد".

8 ولكن بطرس أصر قائلاً: لا، لن تغسل قدمي أبداً!" فأجابه يسوع: "إن كنت لا أغسلك، فلا يكون لك نصيب معي!"

9 عندئذ قال له سمعان بطرس: "ياسيد، لا قدمي فقط، بل يدي ورأسي أيضاً!"

10 فقال يسوع: "من إغتسل صار كله نقياً، ولا يحتاج إلا لغسل قدميه. وأنتم أنقياء، ولكن ليس كلكم".

11 فإن يسوع كان يعلم من الذي سيخونه، ولذلك قال: "لستم كلكم أنقياء".

12 وبعدما إنتهى من غسل أقدامهم، أخذ رداءه وإتكأ من جديد، وسألهم: "أفهمتم ما عملته لكم؟

13 أنتم تدعونني معلماً وسيداً، وقد صدقتم، فأنا كذلك.

14 فإن كنت، وأنا السيد والمعلم، قد غسلت أقدامكم، فعليكم أنتم أيضاً أن يغسل بعضكم أقدام بعض.

15 فقد قدمت لكم مثالاً لكي تعملوا مثل ما عملت أنا لكم.

16 الحق الحق أقول لكم: ليس عبد أعظم من سيده، ولا رسول أعظم من مرسله.

17 فإن كنتم قد عرفتم هذا، فطوبى لكم إذا عملتم به.

1.

✋ ضع يديك على صدرك

2.

🖐 قف كجندي وحرك رأسك كما لو كنت تقول "نعم".

3.

🖐 إنحني إجلالاً بكلتا يديك كما في وضعية الصلاة.

4.

🖐 إصنع شكل القلب بأصابع الإبهام والسبابة لكلتا اليدين.

5.

🖐 ضع يديك على رأسك كما لو كنت تعاني من الصداع.

6.

🖐 أشر إلى الجنة وحرك رأسك إشارة إلى "نعم".

7. _____

👋 إرفع يديك بالحمد والثناء للسماء.

آية الحفظ

-يوحنا 14:13-15-
فإن كنت وأنا السيد والمعلم، قد غسلت أقدامكم،
فعليكم أنتم أيضاً أن يغسل بعضكم أقدام بعض. فقد
قدمت لكم مثالاً لكي تعملوا مثل ما عملت أنا لكم.

الممارسة

"الآن سوف نستخدم طريقة التدريب نفسها التي إستخدمها
يسوع لممارسة ما تعلمناه في هذه الدرس."

المرحلة النهائية

لعبة التشينلون

4

النشوء في طاعة الرب

القادة الذين تقوم بتدريبهم يقودون بالفعل مجموعات ويعرفون مدى الحاجة إلى قيادة الآخرين. يواجه القادة حروب روحانية من خارج المجموعة كما يواجهون أيضاً شخصيات مختلفة ضمن المجموعة التي يقودونها. ويعتبر أساس القيادة الفعالة هو تحديد أنواع الشخصية المختلفة ومعرفة كيفية العمل معها بكفاءة في فريق واحد. درس "النشوء في طاعة الرب" سوف يعطي القادة طريقة سهلة لمساعدة الناس على إكتشاف أنواع شخصياتهم. عندما نفهم كيف خلقنا الله، يكون لدينا أدلة قوية حول كيفية النشوء في طاعته.

هناك ثمان صور للشخصية: الجندي، الباحث، الراعي، الزارع، الإبن/الإبنة، القدوس، العبد، الخادم. بعد مساعدة القادة في تحديد نوع شخصياتهم، يناقش الطلاب نقاط الضعف والقوة لكل نوع. يفترض الكثير من الناس أن الله يحب الشخصيات التي تقدرها مجتمعاتهم. زعماء آخرون يعتقدون أن القدرة على القيادة تعتمد على نوع الشخصية. هذه المعتقدات تعتبر خاطئة بكل بساطة. وينتهي الدرس بالتشديد على القادة على معاملة الناس كأفراد. ويجب على تدريب القيادة تلبية الإحتياجات الفردية وألا تكون نفس الإحتياجات تناسب الجميع.

الحمد والثناء

مستوى التقدم

المشكلة

الخطة

المراجعة

الترحيب
من الذي يبني الكنيسة؟
لماذا نهتم بمن يبني الكنيسة؟
كيف يبني يسوع كنيسته؟

1- كورنثوس -1:11 فإقتدوا بي كما
أقتدي أنا بالمسيح! (NAS)

إتباع طريقة تدريب يسوع
كيف درب يسوع القادة؟

-لوقا -40:6 ليس التلميذ أرفع من معلمه، بل
كل من يتكمل يصير مثل معلمه! (HCSB)

إتباع طريقة قيادة يسوع
كيف وصف يسوع القائد العظيم؟ ✋
ما هي الصفات السبع للقائد العظيم؟

‑يوحنا 14:13-15- فإن كنت وأنا السيد
والمعلم، قد غسلت أقدامكم، فعليكم أنتم أيضاً
أن يغسل بعضكم أقدام بعض. فقد قدمت لكم
مثالاً لكي تعملوا مثل ما عملت أنا لكم.

ما هي الشخصية التي وهبها الله لك؟

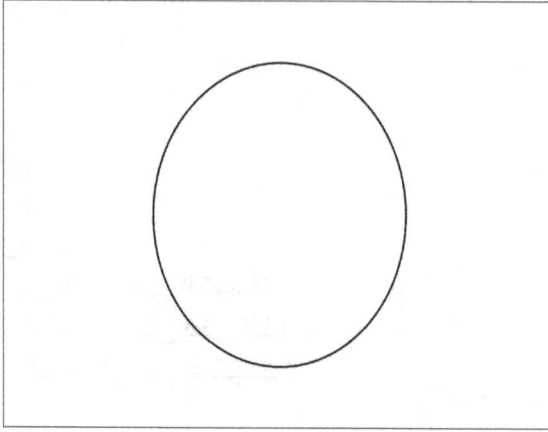

أي شخصية يحبها الله أكثر؟

_____

أي شخصية تصنع قائداً أفضل؟

_____

آية الحفظ

-الرومية 12:4-5-
فكما أن لنا في جسد واحد أعضاء كثيرة، ولكن ليس لجميع هذه الأعضاء عمل واحد، فكذلك نحن الكثيرين جسد واحد في المسيح، وكلنا أعضاء بعضنا لبعض.

الممارسة

المرحلة النهائية

تشيز برجر

5

أقوياء معاً

بعد أن إكتشف القادة نوع شخصياتهم في الدرس السابق. "أقوياء معاً" سوف يوضح للقادة كيفية تفاعل شخصياتهم مع شخصيات الآخرين. لماذا لدى الناس ثمانية أنواع مختلفة للشخصية في العالم؟ البعض يقول أن سفينة نوح حملت ثمانية أشخاص بينما يقول الأخرون أن جعل الله نوع شخصية لكل نقطة على البوصلة - الشمال، الشمال الشرقي، الشرق، إلخ. يمكننا توضيح السبب ببساطة. يوجد ثمانية أنواع مختلفة للشخصية في العالم لأن الله خلق الناس في صورته. إذا أردت أن تعرف كيف يبدو الرب، يقول الكتاب المقدس إنظر إلى يسوع. الأنواع الثمانية للشخصية في العالم تعكس الصور الثمان ليسوع.

يسوع الجندي - هو القائد العام لجيش الرب. يسوع الباحث - يبحث عن الضالين وينقذهم. يسوع الراعي - يعطي أتباعه الطعام والماء والراحة. يسوع الزارع - يزرع كلمة الرب في حياتنا. يسوع الإبن - دعاه الرب بالحبيب وأمرنا أن نطيعه. يسوع هو المخلص وأمرنا بتمثيله في العالم كقديسين. يسوع العبد - يطيع آباه حتى في نقطة الموت. وأخيراً، يسوع الخادم - الأمثلة كثيرة حول إدارة الوقت والمال أو الناس.

كل قائد يحمل مسؤولية مساعدة الناس على العمل معاً. قد يحدث تعارض بين الشخصيات المختلفة لا محالة لأن نظرتهم إلى العالم مختلفة. الطريقتين الأكثر شيوعاً لتعامل الناس في حالة الإختلاف هما تجنب أو قتال بعضنا البعض. ولكن هناك طريقة ثالثة للتعامل في حالة الإختلاف، والتي تقودنا إليها روح الرب، وهي إيجاد الحلول التي تحترم وتؤكد على كل أنواع الشخصيات. ينتهي الدرس بمسابقة درامية توضح الحقيقة في شكل فكاهي. الرسم التوضيحي لـ ''الصور الثمان ليسوع''، يساعدنا على فهم كيف نحب الأخرين أكثر. هذه هي مهمة تابعي يسوع.

الحمد والثناء

مستوى التقدم

المشكلة

الخطة

المراجعة

الترحيب
من الذي يبني الكنيسة؟
لماذا نهتم بمن يبني الكنيسة؟
كيف يبني يسوع كنيسته؟

1- كورنثوس -1:11 فإقتدوا بي كما
أقتدي أنا بالمسيح! (NAS)

إتباع طريقة تدريب يسوع
كيف درب يسوع القادة؟

-لوقا 6:40- ليس التلميذ أرفع من معلمه، بل
كل من يتكمل يصير مثل معلمه! (HCSB)

إتباع طريقة قيادة يسوع
كيف وصف يسوع القائد العظيم؟ ✋
ما هي الصفات السبع للقائد العظيم؟

-يوحنا 13:14-15- فإن كنت وأنا السيد
والمعلم، قد غسلت أقدامكم، فعليكم أنتم أيضاً
أن يغسل بعضكم أقدام بعض. فقد قدمت لكم
مثالاً لكي تعملوا مثل ما عملت أنا لكم.

النشوء في طاعة الرب
ما هي الشخصية التي وهبها الله لك؟
أي شخصية يحبها الله أكثر؟
أي شخصية تصنع قائداً أفضل؟

-الرومية 12:4-5- فكما أن لنا في جسد واحد
أعضاء كثيرة، ولكن ليس لجميع هذه الأعضاء
عمل واحد، فكذلك نحن الكثيرين جسد واحد
في المسيح، وكلنا أعضاء بعضنا لبعض.

لماذا هناك ثمانية أنواع من الناس في العالم؟

-سفر التكوين 1:26-
ثم قال الله: "لنصنع الإنسان على صورتنا، كمثالنا، ....."

-كولوسي 15:1-
هو صورة الله الذي لا يرى، والبكر على كل ما قد خلق.

_____

كيف كان يسوع؟

_____ .1

-متى 53:26-
أم تظن أني لا أقدر الآن أن أطلب إلى أبي فيرسل لي
أكثر من إثني عشر جيشاً من الملائكة؟ (HCSB)

✋ تظاهر كما لو كنت ترفع سيفاً.

_____ .2

-لوقا 10:19-
فإن إبن الإنسان قد جاء ليبحث عن
الهالكين ويخلصهم. (NAS)

✋ ضع يدك فوق عينيك وأنظر إلى الأمام وإلى
الخلف.

3. _____

-يوحنا 11:10-
أنا الراعي الصالح، يبذل حياته فدى خرافه.

☞ حرك ذراعيك تجاه جسدك كما لو كنت تدعوا الناس للإلتفاف حولك.

4. _____

-متى 37:13-
فأجابهم: "الزارع الزرع الجيد هو إبن الإنسان. (NAS)

☞ تظاهر بأنك تنثر بذوراً.

5. _____

-لوقا 35:9-
وإنطلق صوت من السحابة يقول: "هذا هو إبني الذي إخترته. له إسمعوا!"

☞ حرك يديك تجاه فمك كما لو كنت تأكل.

6. _____

-مرقس 8:31-
وأخذ يعلمهم أن إبن الإنسان لابد أن يتألم كثيراً،
ويرفضه الشيوخ ورؤساء الكهنة والكتبة، ويقتل،
وبعد ثلاثة أيام يقوم. "نحن مدعوون إلى أن
نكون قديسين الذين يمثلون الخلاص للعالم،"

🖐 ضع يديك في وضعية الصلاة.

7. _____

-يوحنا 13:14-15-
فإن كنت وأنا السيد والمعلم، قد غسلت أقدامكم،
فعليكم أنتم أيضاً أن يغسل بعضكم أقدام بعض. فقد
قدمت لكم مثالاً لكي تعملوا مثل ما عملت أنا لكم.

🖐 إحمل مطرقة.

8. _____

-لوقا 6:38-
أعطوا، تعطوا: فإنكم تعطون في أحضانكم كيلاً جيداً ملبداً
مهزوزاً فائضاً، لأنه بالكيل الذي به تكيلون، يكال لكم".

🖐 خذ نقوداً من جيب قميصك أو محفظتك.

29

ما هي الخيارات الثلاثة المتاحة لدينا عندما يحدث تعارض؟

1. _____

🖐 إرفع قبضتي يديك معاً. وأبعدهما عن بعضهما البعض خلف ظهرك.

2. _____

🖐 إرفع قبضتي يديك معاً وإضربهما معاً.

3. _____

🖐 إرفع قبضتي يديك معاً، ثم إفرد أصابعك وإجعلها تتشابك، حرك يديك إلى الأعلى وإلى الأسفل كما لو أنهما تعملان معاً.

آية الحفظ

-غلاطية 20:2-
مع المسيح صلبت، وفيما بعد لا أحيا أنا بل المسيح يحيا في. أما الحياة التي أحياها الآن في الجسد، فإنما أحياها بالإيمان في ابن الله، الذي أحبني وبذل نفسه عني. (NAS)

الممارسة

مسابقة درامية ✍

سؤال شائع

ما هو الفارق بين صور المسيح الثمانية والمواهب الروحية؟

6

مشاركة الإنجيل

كيف يمكن أن يؤمن الناس وهم لم يستمعوا إلى الإنجيل؟ للأسف، أتباع يسوع لا يتشاركون الإنجيل حتى يؤمن الناس. سبب وحيد وراء هذا هو أنهم لم يتعلموا كيفية مشاركة الإنجيل. وهناك سبب أخر وهو أنهم مشغولون في روتينهم اليومي وينسون تشارك الإنجيل. في درس "مشاركة الإنجيل"، يتعلم القادة كيف يصنعون "سوار الإنجيل" لمشاركته مع الأهل والأصدقاء. حيث يذكرنا السوار بمشاركة الإنجيل مع الأخرين ويعتبر بداية جيدة للحديث. وتذكرنا ألوان السوار بكيفية مشاركة الإنجيل مع الباحثين عن الرب.

سوار الإنجيل يبين لنا كيف تركنا أسرة الرب. في البداية كان الرب - الخرزة الذهبية. الروح القدس أنشأ عالم مثالي بسمائه وبحاره - الخرزة الزرقاء. وخلق الإنسان وجعله في حديقة خضراء - الخرزة الخضراء. أول رجل وإمرأة عصوا الرب وإرتكبوا خطيئة وعانوا في العالم كله - الخرزة السوداء. وأرسل الرب إبنه إلى العالم وعاش حياة رائعة - الخرزة البيضاء. ودفع يسوع ثمن خطايانا بالموت على الصليب - الخرزة الحمراء.

سوار الإنجيل يبين لنا كيف تركنا نعود إلى أسرة الرب عن طريق عكس الآية. يقول الرب أن كل من آمن بموت يسوع على الصليب من

أجلهم ـ الخرزة الحمراء ـ وأن يسوع هو إبن الرب ـ الخرزة البيضاء ـ وقد غفر خطاياهم ـ الخرزة السوداء. الله يقبلنا مرة أخرى ضمن أسرته وننمو مثل يسوع الخرزة الخضراء. لقد أعطانا الرب روحه القدس ـ الخرزة الزرقاء ـ ووعدنا أن نكون معه في الجنة حيثما تكون الشوارع من الذهب عندما نموت ـ الخرزة الذهبية.

ينتهي الدرس بتوضيح أن يسوع هو الطريق الوحيد إلى الرب. لا يوجد من هو أذكى وأفضل وأقوى وأحب منه حتى يصل إلى الرب بنفسه. يسوع هو الطريق الوحيد الذي يمكن للناس أن يسلكوه من أجل أن يعودوا إلى الرب. إتباع يسوع هو الحقيقة الوحيدة التي تخلص الناس من خطاياهم. يسوع هو الوحيد الذي يضمن الحياة الأبدية بسبب موته على الصليب.

الحمد والثناء

مستوى التقدم

المشكلة

الخطة

المراجعة

الترحيب
من الذي يبني الكنيسة؟
لماذا نهتم بمن يبني الكنيسة؟
كيف يبني يسوع كنيسته؟

-1 كورنثوس 1:11- فاقتدوا بي كما
أقتدي أنا بالمسيح! (NAS)

إتباع طريقة تدريب يسوع
كيف درب يسوع القادة؟

-لوقا -40:6 ليس التلميذ أرفع من معلمه، بل
كل من يتكمل يصير مثل معلمه! (HCSB)

إتباع طريقة قيادة يسوع
كيف وصف يسوع القائد العظيم؟ ✋
ما هي الصفات السبع للقائد العظيم؟

-يوحنا 15-14:13- فإن كنت وأنا السيد
والمعلم، قد غسلت أقدامكم، فعليكم أنتم أيضاً
أن يغسل بعضكم أقدام بعض. فقد قدمت لكم
مثالاً لكي تعملوا مثل ما عملت أنا لكم.

النشوء في طاعة الرب
ما هي الشخصية التي وهبها الله لك؟
أي شخصية يحبها الله أكثر؟
أي شخصية تصنع قائداً أفضل؟

-الرومية فكما أن لنا في جسد واحد أعضاء
كثيرة، ولكن ليس لجميع هذه الأعضاء عمل
واحد، فكذلك نحن الكثيرين جسد واحد في
المسيح، وكلنا أعضاء بعضنا لبعض.

أقوياء معاً
لماذا هناك ثمانية أنواع من الناس في العالم؟
كيف كان يسوع؟
ما هي الخيارات الثلاثة المتاحة لدينا عندما يحدث تعارض؟

ـغلاطية ـ20:2 مع المسيح صلبت، وفيما بعد لا أحيا أنا بل المسيح يحيا في. أما الحياة التي أحياها الآن في الجسد، فإنما أحياها بالإيمان في إبن الله، الذي أحبني وبذل نفسه عني. (NAS)

كيف يمكنني مشاركة الإنجيل؟

ـلوقا 7-1:24ـ

ولكن في اليوم الأول من الأسبوع، باكراً جداً، جئن إلى القبر حاملات الحنوط الذي هيأنه. فوجدن أن الحجر قد دحرج عن القبر. ولكن لما دخلن لم يجدن جثمان الرب يسوع. وفيما هن متحيرات في ذلك، إذا رجلان بثياب براقة قد وقفا بجانبهن. فتملكهن الخوف ونكسن وجوههن إلى الأرض. عندئذ قال لهن الرجلان: "لماذا تبحثن عن الحي بين الأموات؟ إنه ليس هنا، ولكنه قد قام! إذكرن ما كلمكم به إذ كان بعد في الجليل فقال: إن إبن الإنسان لابد أن يسلم إلى أيدي أناس خاطئين ، فيصلب، وفي اليوم الثالث يقوم".

الخرزة الذهبية

الخرزة الزرقاء

الخرزة الخضراء

الخرزة السوداء

الخرزة البيضاء

الخرزة الحمراء

الخرزة الحمراء

الخرزة البيضاء

الخرزة السوداء

الخرزة الخضراء

الخرزة الزرقاء

الخرزة الذهبية

لماذا نحتاج إلى مساعدة يسوع؟

1. _____

-إشعياء 9:55-
فكما إرتفعت السماوات عن الأرض، كذلك إرتفعت
طرقي عن طرقكم، وأفكاري عن أفكاركم.

🖐 ضع إصبعي السبابة على جانبي رأسك وحرك
رأسك إشارة إلى ”لا“

_____ .2

-إشعياء 6:64-
كلنا أصبحنا كنجس، وأصحت جميع أعمال
برنا كثوب قذر، فذبلنا كأوراق الشجر
وعبثت بنا آثامنا كالريح. (NLT)

🖐 تظاهر بأنك تأخذ الكثير من النقود من جيب
قميصك أو محظفتك وحرك رأسك إشارة إلى ”لا“

_____ .3

-الرومية 18:7-
لأنني أعلم أنه في، أي في جسدي، لا يسكن
الصلاح: فأن أريد الصلاح ذلك متوفر لدي،
وما أنا أفعله، فذلك لا أستطيعه. (HCSB)

🖐 إرفع ذارعيك إلى الأعلى كرجل قوي وحرك
رأسك إشارة إلى ”لا“.

_____ .4

-الرومية 23:3-
لأن الجميع قد أخطأوا وهم عاجزون عن بلوغ ما يمجد الله.

✋ ضع يديك كما لو كنت توازن الميزان، وقم بتحريكهما إلى الأعلى وإلى الأسفل وحرك رأسك إشارة إلى ''لا''.

آية الحفظ

-يوحنا 6:14-
فأجابه يسوع: ''أنا هو الطريق والحق والحياة. لا يأتي أحد إلى الرب إلا بي.''

الممارسة

''الآن سوف نستخدم طريقة التدريب نفسها التي إستخدمها يسوع لممارسة ما تعلمناه في هذه الدرس.''

المرحلة النهائية

قوة تدريب المدربين

خطة يسوع الخاصة بي

7

التلمذة

القائد الجيد لديه دائماً خطة جيدة. لقد أعطى يسوع التلاميذ خطة بسيطة لدعوتهم ولكنها قوية ذكرت في لوقا 10: جهز قلبك، جد أناس مسالمين، تبادل الأخبار السارة، وقيم النتائج. لقد أعطانا يسوع خطة جيدة لنتبعها.

إذا ما بدأنا دعوتنا في الكنيسة، أو كنيسة جديدة، أو مجموعات، سوف تساعدنا خطة يسوع على تجنب الأخطاء الغير ضرورية. هذا الدرس يعلم القادة كيفية تدريب بعضهم البعض بإستخدام خطط يسوع الخاصة بهم. وسوف يبدؤون العمل أيضاً على عرض خطط يسوع الخاصة بهم على المجموعة.

الحمد والثناء

مستوى التقدم

المشكلة

الخطة

المراجعة

الترحيب
من الذي يبني الكنيسة؟
لماذا نهتم بمن يبني الكنيسة؟
كيف يبني يسوع كنيسته؟

1- كورنثوس -1:11- فإقتدوا بي كما
أقتدي أنا بالمسيح! (NAS)

إتباع طريقة تدريب يسوع
كيف درب يسوع القادة؟

-لوقا 40:6- ليس التلميذ أرفع من معلمه، بل
كل من يتكمل يصير مثل معلمه! (HCSB)

إتباع طريقة قيادة يسوع
كيف وصف يسوع القائد العظيم؟ ✋
ما هي الصفات السبع للقائد العظيم؟

-يوحنا 15-14:13- فإن كنت وأنا السيد
والمعلم، قد غسلت أقدامكم، فعليكم أنتم أيضاً
أن يغسل بعضكم أقدام بعض. فقد قدمت لكم
مثالاً لكي تعملوا مثل ما عملت أنا لكم.

النشوء في طاعة الرب

ما هي الشخصية التي وهبها الله لك؟

أي شخصية يحبها الله أكثر؟

أي شخصية تصنع قائداً أفضل؟

-الرومية 4:12-5- فكما أن لنا في جسد واحد أعضاء كثيرة، ولكن ليس لجميع هذه الأعضاء عمل واحد، فكذلك نحن الكثيرين جسد واحد في المسيح، وكلنا أعضاء بعضنا لبعض.

أقوياء معاً

لماذا هناك ثمانية أنواع من الناس في العالم؟

كيف كان يسوع؟

ما هي الخيارات الثلاثة المتاحة لدينا عندما يحدث تعارض؟

-غلاطية 20:2- مع المسيح صلبت، وفيما بعد لا أحيا أنا بل المسيح يحيا في. أما الحياة التي أحياها الآن في الجسد، فإنما أحياها بالإيمان في إبن الله، الذي أحبني وبذل نفسه عني. (NAS)

مشاركة الإنجيل

كيف يمكنني مشاركة الإنجيل؟

لماذا نحتاج إلى مساعدة يسوع؟

-يوحنا 6:14- فأجابه يسوع: "أنا هو الطريق والحق والحياة. لا يأتي أحد إلى الرب إلا بي."

ما هي الخطوة الأولى في خطة يسوع؟

-لوقا 10:1-4- وبعد ذلك عين الرب أيضاً إثنين
وسبعين آخرين، وأرسلهم إثنين إثنين، ليسبقوه إلى
كل مدينة ومكان كان على وشك الذهاب إليه.
2 وقال لهم: "إن الحصاد كثير، ولكن العمال قليلون،
فتضرعوا إلى رب الحصاد أن يبعث عمالاً إلى حصاده.
3 فإذهبوا! ها إني أرسلكم كحملان بين ذئاب.
4 لا تحملوا صرة مال ولا كيس زاد ولا
حذاء، ولا تسلموا في الطريق على أحد.

إتكئ علي

- إستخدم إصبعي السبابة والوسطى لكلتا اليدين لـ "المشي" معاً.

الذهاب إلى حيث يعمل يسوع (1)

- ضع يدك على قلبك وحرك رأسك إشارة إلى "لا".

- ضع يدك فوق عينيك وإنظر يميناً ويساراً كما لو أنك تبحث عن شيء ما.

- أشر بيدك نحو مكان ما أمامك وحرك رأسك إشارة إلى "نعم".

🖐 إرفع يديك في وضعية الصلاة ثم ضمهما إلى صدرك.

الصلاة من أجل القادة من موعد الحصاد (2)

🖐 إرفع يديك في وضعية العبادة.

🖐 ضع يديك على وجهك بحيث تخفي وجهك ثم أدر رأسك بعيداً لمحاولة الرؤية.

🖐 وضع اليدين في وضعية الدعاء.

🖐 وضع يديك في وضعية الصلاة ثم إرفعهما عالياً بمستوى جبهتك كرمز للإحترام.

الإنطلاق بتواضع (3)

❧ القائد العظيم ❧

🖐 ضع يديك في وضعية الصلاة وإنحني إجلالاً وتواضعاً.

الإعتماد على الله وليس على المال (4)

✨ المال كالعسل ✨

✋ تظاهر أنك تخرج المال من جيب قميصك وحرك رأسك إشارة إلى "لا"، ثم أشر إلى السماء وحرك رأسك إشارة إلى "نعم".

الإنطلاق مباشرة إلى حيث يدعونا يسوع (4)

✨ التشتت الجيد ✨

✋ إجعل يديك معاً وأمضي في طريقك إلى الأمام.

آية الحفظ

-لوقا 2:10-
وقال لهم إن الحصاد كثير، ولكن العمال قليلون،
فتضرعوا إلى رب الحصاد أن يبعث عمالاً إلى حصاده.

الممارسة

المرحلة النهائية

خطة يسوع الخاص بي

8

إنشاء المجموعات

يحضر القادة قلوبهم في الخطوة 1 من خطة يسوع. درس ''إنشاء المجموعات'' سوف يتناول الخطوات 2، 3، 4. يمكننا تجنب الكثير من الأخطاء في دعوتنا ومهمتنا ببساطة عن طريق إتباعنا لمبادئ خطة يسوع المذكورة في لوقا 10. يقوم القادة بتطبيق تلك المبادئ في نهاية هذا الدرس عندما يقومون بملء ''خطة يسوع'' الخاصة بهم.

الخطوة 2 تتناول تطوير العلاقات. نحن ننضم إلى الرب حيثما يعمل ونبحث عن الأشخاص أصحاب التأثير والذين يستجيبون إلى الرسالة. نأكل ونشرب ما يعطوه لنا حتى نريهم قبولنا. لا ننتقل من صداقة إلى أخرى لأن هذا يسيء إلى رسالة المصالحة التي نبشر بها.

نتبادل الأخبار السارة في الخطوة 3. يسوع خادماً ويريدنا أن نحمي الناس. في هذه الخطوة، يشجع المدربون القادة على إيجاد طرق لإلتئام الدعوة. الناس لا يهتمون بما لديك حتى يعلمون أنك تهتم به. شفاء المرض يفتح أبواب مشاركة الإنجيل.

نقوم بتقييم النتائج والتعديل في الخطوة 4. كيف يتقبل الناس؟ هل هناك مصلحة حقيقة في المسائل الروحانية أو هنالك سبب أخر مثل المال هو الذي يقود فضولهم؟ إذا كان الناس لا يستجيبون، يأمرنا يسوع بمغادرة المكان والبدأ في مكان أخر.

الحمد والثناء

مستوى التقدم

المشكلة

الخطة

المراجعة

الترحيب
من الذي يبني الكنيسة؟
لماذا نهتم بمن يبني الكنيسة؟
كيف يبني يسوع كنيسته؟

-1 كورنثوس -1:11 فإقتدوا بي كما أقتدي أنا بالمسيح! (NAS)

إتباع طريقة تدريب يسوع
كيف درب يسوع القادة؟

-لوقا 40:6- ليس التلميذ أرفع من معلمه، بل
كل من يتكمل يصير مثل معلمه! (HCSB)

إتباع طريقة قيادة يسوع
كيف وصف يسوع القائد العظيم؟ ✋
ما هي الصفات السبع للقائد العظيم؟

-يوحنا 13:14-15- فإن كنت وأنا السيد
والمعلم، قد غسلت أقدامكم، فعليكم أنتم أيضاً
أن يغسل بعضكم أقدام بعض. فقد قدمت لكم
مثالاً لكي تعملوا مثل ما عملت أنا لكم.

النشوء في طاعة الرب
ما هي الشخصية التي وهبها الله لك؟
أي شخصية يحبها الله أكثر؟
أي شخصية تصنع قائداً أفضل؟

-الرومية 4:12-5- فكما أن لنا في جسد واحد
أعضاء كثيرة، ولكن ليس لجميع هذه الأعضاء
عمل واحد، فكذلك نحن الكثيرين جسد واحد
في المسيح، وكلنا أعضاء بعضنا لبعض.

أقوياء معاً
لماذا هناك ثمانية أنواع من الناس في العالم؟
كيف كان يسوع؟
ما هي الخيارات الثلاثة المتاحة لدينا عندما يحدث تعارض؟

-غلاطية 2:20- مع المسيح صلبت، وفيما بعد
لا أحيا أنا بل المسيح يحيا في. أما الحياة التي
أحياها الآن في الجسد، فإنما أحياها بالإيمان في
إبن الله، الذي أحبني وبذل نفسه عني. (NAS)

مشاركة الإنجيل
كيف يمكنني مشاركة الإنجيل؟
لماذا نحتاج إلى مساعدة يسوع؟

ـيوحنا 6:14ـ فأجابه يسوع: ''أنا هو الطريق والحق والحياة. لا يأتي أحد إلى الرب إلا بي.''

التلمذة
ما هي الخطوة الأولى في خطة يسوع؟

ـلوقا 2:10ـ وقال لهم إن الحصاد كثير، ولكن العمال قليلون، فتضرعوا إلى رب الحصاد أن يبعث عمالاً إلى حصاده.

ما هي الخطوة الثانية في خطة يسوع؟

ـلوقا 8-5:10ـ
5 وأي بيت دخلتم، فقولوا أولاً: سلام لهذا البيت!
6 فإن كان في البيت إبن سلام، يحل سلامكم عليه. وإلا، فسلامكم يعود لكم.
7 وإنزلوا في ذلك البيت تأكلون وتشربون مما عندهم: لأن العامل يستحق أجرته. لا تنتقلوا من بيت إلى بيت.
8 وأية مدينة دخلتم وقبلكم أهلها، فكلوا مما يقدم لكم.

البحث عن أشخاص مسالمين (5،6)

✋ إجعل يديك معاً كما لو كان صديقان يتصافحان باليد.

48

كل وإشرب ما يقدمونه إليك (8،7)

🖐 تظاهر أنك تأكل وتشرب. ثم حرك يديك على بطنك إشارة إلى أن الطعام كان جيداً.

لا تتنقل من بيت لآخر (7)

🖐 ضع يديك بالقرب من بعضهما كما لو أنك تشكل سقف منزل ما. إنقل يديك إلى أماكن عدة وحرك رأسك إشارة إلى "لا".

❧ كيف تغضب قرية ❧

ما هي الخطوة الثالثة في خطة يسوع؟

-لوقا 9:10-
إشفوا المرضى الذين فيها، وقولوا لهم: قد إقترب ملكوت الله!

شفاء المرضى (9)

🖐 إفرد ذراعيك كما لو كنت تضعهما على جسد شخص مريض لتشفيه.

مشاركة الإنجيل (9)

✋ ضع يديك حول فمك كما لو كنت تحمل هاتف ضخم.

❦ الطير ذات الجناحين ❦

ما هي الخطوة الرابعة في خطة يسوع؟

-لوقا 10:10-11-
وأية مدينة دخلتم ولم يقبلكم أهلها، فأخرجوا إلى شوارعها،
وقولوا: حتى غبار مدينتكم العالق بأقدامنا ننفضه
عليكم، ولكن إعلموا هذا: أن ملكوت الله قد إقترب!

تقييم الإستجابة (10،11)

✋ ضع يديك كما لو كانتا كفتي ميزان. وحرك كفتي الميزان إلى
الأعلى وإلى الأسفل ثم إرسم على وجهك ملامح التساؤل.

المغادرة في حالة عدم الإستجابة (11)

✋ حرك يديك إشارة إلى ”مع السلامة“

آية الحفظ

-لوقا 9:10-
وإشفوا المرضى الذين فيها، وقولوا
لهم: قد إقترب منكم ملكوت الله!

الممارسة

المرحلة النهائية

خطة يسوع الخاصة بي

9

مضاعفة المجموعات

الكنائس الصحية المنتجة هي نتيجة لتزايد النشوء في طاعة الرب، ومشاركة الإنجيل، والتلمذة، وإنشاء المجموعات وتدريب القادة. معظم القادة لم يسبق لهم إنشاء كنيسة، ومع ذلك، لا يعرفون كيف يبدؤون. "مضاعفة الكنائس" يعرض الأماكن التي ينبغي علينا التركيز عندما نقوم بإنشاء المجموعات التي تتحول إلى كنائس. في كتاب اعمال الرسل، يأمرنا يسوع بإنشاء المجموعات في أربع مناطق مختلفة. حيث يأمرنا بإنشاء المجموعات في المدينة والمنطقة التي نعيش بها. ثم يأمرنا بأن نبدأ بعد ذلك في المناطق المجاورة وبين المجموعات العرقية المختلفة التي نعيش بينها. وأخيراً، يأمرنا يسوع بالإنطلاق إلى الأماكن البعيدة والوصول إلى كل المجموعات العرقية الموجودة في العالم. يقوم المدربون بتشجيع القادة على التحلي بقلب يسوع للتعامل مع كل الناس ووضع الخطط للوصول إلى القدس، يهودية، السامرة، وحتى نهاية العالم. يضيف القادة هذه التعليقات على "خطة يسوع" الخاصة بهم.

كتاب أعمال ارسل يصف أيضاً عمل أربعة أشكال لمنشئي المجموعات. بطرس، وهو قس ساعد إنشاء مجموعة في بيت كورنيليوس. بطرس وهو شخص عادي سافر في جميع أنحاء

الإمبراطورية الرومانية وأنشأ مجموعات هناك. بريسكلا وأكيلا، هما أصحاب أعمال خاصة، قاموا بإنشاء مجموعات أينما أخذتهم أعمالهم. "المضطهدون" في أعمال ارسل 8 تبعثروا وقاموا بإنشاء مجموعات أينما ذهبوا. في هذا الدرس، يحدد القادة الأشخاص الذين قد يصلحوا ليكونوا بادئي مجموعات وسط دائرة تأثيرهم ويقومون بإضافتهم إلى "خطة يسوع" الخاصة بهم. وينتهي الدرس بالتصدي لإفتراض أن إنشاء كنيسة يحتاج إلى حساب مصرفي ضخم. معظم الكنائس تبدأ في المنازل بتكلفة تزيد قليلاً عن تكلفة الكتاب المقدس.

الحمد والثناء

مستوى التقدم

المشكلة

الخطة

المراجعة

الترحيب
من الذي يبني الكنيسة؟
لماذا نهتم بمن يبني الكنيسة؟
كيف يبني يسوع كنيسته؟

1- كورنثوس 11:1 - فإقتدوا بي كما أقتدي أنا بالمسيح! (NAS)

إتباع طريقة تدريب يسوع
كيف درب يسوع القادة؟

ـلوقا 6:40ـ ليس التلميذ أرفع من معلمه، بل
كل من يتكمل يصير مثل معلمه! (HCSB)

إتباع طريقة قيادة يسوع
كيف وصف يسوع القائد العظيم؟ ✋
ما هي الصفات السبع للقائد العظيم؟

ـيوحنا 13:14-15ـ فإن كنت وأنا السيد
والمعلم، قد غسلت أقدامكم، فعليكم أنتم أيضاً
أن يغسل بعضكم أقدام بعض. فقد قدمت لكم
مثالاً لكي تعملوا مثل ما عملت أنا لكم.

النشوء في طاعة الرب
ما هي الشخصية التي وهبها الله لك؟
أي شخصية يحبها الله أكثر؟
أي شخصية تصنع قائداً أفضل؟

ـالرومية 12:4-5ـ فكما أن لنا في جسد واحد
أعضاء كثيرة، ولكن ليس لجميع هذه الأعضاء
عمل واحد، فكذلك نحن الكثيرين جسد واحد
في المسيح، وكلنا أعضاء بعضنا لبعض.

أقوياء معاً
لماذا هناك ثمانية أنواع من الناس في العالم؟
كيف كان يسوع؟
ما هي الخيارات الثلاثة المتاحة لدينا عندما يحدث تعارض؟

ـغلاطية 2:20ـ مع المسيح صلبت، وفيما بعد
لا أحيا أنا بل المسيح يحيا في. أما الحياة التي

54

أحياها الآن في الجسد، فإنما أحياها بالإيمان في إبن الله، الذي أحبني وبذل نفسه عني. (NAS)

مشاركة الإنجيل
كيف يمكنني مشاركة الإنجيل؟
لماذا نحتاج إلى مساعدة يسوع؟

-يوحنا 6:14- فأجابه يسوع: "أنا هو الطريق والحق والحياة. لا يأتي أحد إلى الرب إلا بي."

التلمذة
ما هي الخطوة الأولى في خطة يسوع؟

-لوقا 2:10- وقال لهم إن الحصاد كثير، ولكن العمال قليلون، فتضرعوا إلى رب الحصاد أن يبعث عمالاً إلى حصاده.

إنشاء المجموعات
ما هي الخطوة الثانية في خطة يسوع؟
ما هي الخطوة الثالثة في خطة يسوع؟
ما هي الخطوة الرابعة في خطة يسوع؟

-لوقا 9:10- وإشفوا المرضى الذين فيها، وقولوا لهم: قد إقترب منكم ملكوت الله!

ما هي الأماكن الأربعة التي أمر يسوع المؤمنين بإنشاء جماعات فيها؟

-أعمال الرسل 8:1-
ولكن حينما يحل الروح القدس عليكم تنالون القوة، وتكونون لي شهوداً في أورشليم واليهودية كلها وفي السامرة وإلى أقاصي الأرض".

55

_____ .1

_____ .2

_____ .3

_____ .4

ما هي الطرق الأربع لإنشاء مجموعة أو كنيسة؟

_____ .1

-أعمال الرسل 9:10ـ
وفي اليوم التالي، بينما كان الرجال الثلاثة يقتربون من مدينة يافا، صعد بطرس نحو الظهر إلى السطح ليصلي. (NLT)

_____ .2

-أعمال الرسل 2:13ـ
وذات يوم، وهم صائمون يتعبدون للرب، قال لهم الروح القدس: "خصصوا لي برنابا وشاول لأجل العمل الذي دعوتهما إليه". (NAS)

_____ .3

-1 كورنثوس 19:16-
الكنائس في مقاطعة آسيا تسلم عليكم. ويسلم عليكم في الرب كثيراً، أكيلا وبريسكلا مع الكنيسة التي في بيتهما.

4. _____

-أعمال الرسل 8:1-
وكان شاول موافقاً على قتل استفانوس. وفي ذلك اليوم نفسه وقع إضطهاد شديد على الكنيسة التي في أوشليم. فتشتت الإخوة جميعاً في نواحي اليهودية والسامرة ولم يبق في أورشليم إلا الرسل. (NLT)

آية الحفظ

-أعمال الرسل 8:1-
ولكن حينما يحل الروح القدس عليكم تنالون القوة، وتكونون لي شهوداً في أوشليم واليهودية كلها، وفي السامرة، وإلى أقاصي الأرض".

الممارسة

المرحلة النهائية

كم يكلف إنشاء كنيسة جديدة؟

خطة يسوع الخاصة بي

سؤال شائع آخر

كيف يمكنك العمل مع أناس أميين أثناء دورات التدريب؟

10

إتباع يسوع

لقد تعلم القادة في تدريب قادة حقيقيين كيف يقومون بإنشاء الكنيسة، ولماذا يعتبر إنشاء الكنائس مهماً. وأتقنوا الصفات الخمس لإستراتيجية يسوع للوصول إلى العالم ومارسوا تدريب بعضهم البعض. إنهم يفهمون الصفات السبع للقائد العظيم، وقاموا بعمل "شجرة تدريب" للمستقبل، ويعرفون كيف يعملون مع شخصيات مختلفة. كل قائد لديه خطة تقوم على خطة يسوع المذكورة في إنجيل لوقا 10. "إتباع يسوع" يتناول الجزء الوحيد الذي يدوم من القيادة: الدافع.

قبل ألفي عام، تبع الناس يسوع لأسباب مختلفة. البعض، مثل يعقوب ويوحنا، كانوا يؤمنون أن إتباع يسوع سيجلب لهم الشهرة. أخرون مثل الفريسيين، تبعوا يسوع للإنتقاد وإظهار تفوقهم. وآخرون مثل يهودا، تبع يسوع من أجل المال. أراد حشد مكون من 5,000 شخص أن يتبعوا يسوع ليقدم لهم الغذاء الذي يحتاجونه. تليهم مجموعة أخرى تبعت يسوع لأنهم كانوا في حاجة إلى الشفاء، وعاد شخص واحد ليقول شكراً. للأسف، كثير من الناس تبعوا يسوع بأنانية بسبب ما يمكن أن يعطيه لهم. اليوم لا يوجد إختلاف كبير. كقادة، يجب علينا أن نمتحن أنفسنا ونسأل "لماذا نتبع يسوع؟"

لقد أشاد يسوع بمن تبعوه من قلب ملئ بالحب. المرأة الخطاءة المنبوذة التي سكبت العطر باهظ الثمن على يسوع حملت عهد التذكير بها في أي مكان ينشر فيه الإنجيل. كان فلس الأرملة يلمس قلب يسوع أكثر من كل ذهب المعبد. أحصيب يسوع بخيبة أمل عندما نقض شاب عهده بحب يسوع بكل قلبه، وإختار غناه بدلاً من ذلك. أيضاً، طلب يسوع من بطرس طلباً واحداً وهو أن يستعيده بعد خيانته، "سايمون، هل تحبني؟" القادة الروحانيون يحبون الناس ويحبون الرب.

ينتهي الدرس بمشاركة كل قائد لـ "خطة يسوع" الخاصة به. ويصلي القادة من أجل تعهد أخر بالعمل معاً، وتدريب قادة جدد من أجل حب وتمجيد الرب.

الحمد والثناء

مستوى التقدم

الترحيب
من الذي يبني الكنيسة؟
لماذا نهتم بمن يبني الكنيسة؟
كيف يبني يسوع كنيسته؟

1- كورنثوس 1:11- فإقتدوا بي كما أقتدي أنا بالمسيح! (NAS)

إتباع طريقة تدريب يسوع
كيف درب يسوع القادة؟

لوقا 40:6- ليس التلميذ أرفع من معلمه، بل كل من يتكمل يصير مثل معلمه! (HCSB)

إتباع طريقة قيادة يسوع

كيف وصف يسوع القائد العظيم؟ ✋

ما هي الصفات السبع للقائد العظيم؟

-يوحنا 14:13-15- فإن كنت وأنا السيد والمعلم، قد غسلت أقدامكم، فعليكم أنتم أيضاً أن يغسل بعضكم أقدام بعض. فقد قدمت لكم مثالاً لكي تعملوا مثل ما عملت أنا لكم.

النشوء في طاعة الرب

ما هي الشخصية التي وهبها الله لك؟

أي شخصية يحبها الله أكثر؟

أي شخصية تصنع قائداً أفضل؟

-الرومية 4:12-5- فكما أن لنا في جسد واحد أعضاء كثيرة، ولكن ليس لجميع هذه الأعضاء عمل واحد، فكذلك نحن الكثيرين جسد واحد في المسيح، وكلنا أعضاء بعضنا لبعض.

أقوياء معاً

لماذا هناك ثمانية أنواع من الناس في العالم؟

كيف كان يسوع؟

ما هي الخيارات الثلاثة المتاحة لدينا عندما يحدث تعارض؟

-غلاطية 20:2- مع المسيح صلبت، وفيما بعد لا أحيا أنا بل المسيح يحيا في. أما الحياة التي أحياها الآن في الجسد، فإنما أحياها بالإيمان في إبن الله، الذي أحبني وبذل نفسه عني. (NAS)

مشاركة الإنجيل

كيف يمكنني مشاركة الإنجيل؟

لماذا نحتاج إلى مساعدة يسوع؟

-يوحنا 14:6- فأجابه يسوع: ''أنا هو الطريق والحق والحياة. لا يأتي أحد إلى الرب إلا بي.''

التلمذة

ما هي الخطوة الأولى في خطة يسوع؟

-لوقا 10:2- وقال لهم إن الحصاد كثير، ولكن العمال قليلون، فتضرعوا إلى رب الحصاد أن يبعث عمالاً إلى حصاده.

إنشاء المجموعات

ما هي الخطوة الثانية في خطة يسوع؟

ما هي الخطوة الثالثة في خطة يسوع؟

ما هي الخطوة الرابعة في خطة يسوع؟

-لوقا 10:9- وإشفوا المرضى الذين فيها، وقولوا لهم: قد إقترب منكم ملكوت الله!

مضاعفة المجموعات

ما هي الأماكن الأربعة التي أمر يسوع المؤمنين بإنشاء جماعات فيها؟

ما هي الطرق الأربع لإنشاء مجموعة أو كنيسة؟

كم يكلف إنشاء كنيسة جديدة؟

-أعمال الرسل 1:8- ولكن حينما يحل الروح القدس عليكم تنالون القوة، وتكونون لي شهوداً في أوشليم واليهودية كلها، وفي السامرة، وإلى أقاصي الأرض''.

الخطة

لماذا تتبع يسوع؟

.1 _____

-مرقس 35:10-37-
عندئذ تقدم إليه يعقوب ويوحنا إبنا زبدى، وقالا
له: "يا معلم، نرغب في أن تفعل لنا كل ما
نطلب منك". فسألهما: "ماذا ترغبان في أن أفعل
لكما؟" قالا له: "هبنا أن نجلس في مجدك: واحد
عن يمينك، وواحد عن يسارك!" (NAS)

.2 _____

-لوقا 53:11-54-
وفيما هو خارج من هناك، بدأ الكتبة والفريسيون يضيفون
عليه كثيراً، وأخذوا يستدرجونه إلى الكلام في أمور كثيرة،
وهم يراقبونه سعياً إلى إصطياده بكلام يقوله. (NLT)

.3 _____

-يوحنا 4:12-6-
فقال أحد التلاميذ، وهو يهودا الإسخريوطي، الذي
كان سيخون يسوع: "لماذا لم يبع هذا العطر بثلاث
مئة دينار توزع على الفقراء؟" ولم يقل هذا لأنه
كان يعطف على الفقراء، بل لأنه كان لصاً، فقد
كان أميناً للصندوق وكان يختلس مما يودع فيه.

‎4.

‎-يوحنا 11:6-15-

فأخذ يسوع الأرغفة وشكر، ثم وزع منها على الجالسين، بقدر ما أرادوا. وكذلك فعل بالسمكتين. فلما شبعوا، قال لتلاميذه: "إجمعوا كسر الخبز التي فضلت لكي لا يضيع شيء!" فجمعوها، وملؤا إثنتي عشرة قفة من كسر الخبز الفاضلة عن الآكلين من خمسة أرغفة الشعير. فلما رأى الناس الآية التي صنعها يسوع قالوا: حقاً، هذا هو النبي الآتي إلى العالم". وعلم يسوع أنهم على وشك أن يختطفوه ليقيموه ملكاً، فعاد إلى الجبل وحده.

‎5.

‎-لوقا 12:17-14-

ولدى \خوله إحدى القرى، لاقاه عشرة رجال مصابين بالبرص. فوقفوا من بعيد، ورفعوا الصوت قائلين: "يا يسوع، يا سيد، إرحمنا!" فرآهم، وقال لهم: إذهبوا وأعرضوا أنفسكم على الكهنة!" وفيما كانوا ذاهبين، طهروا. (CEV)

هل تذكر المرأة الخطاءة المنبوذة التي صبت العطر باهظ الثمن على يسوع؟"

‎-متى 13:26-

والحق أقول لكم: إنه حيث ينادى بهذا الإنجيل في العالم أجمع، يحدث أيضاً بما عملته هذه المرأة، إحياء لذكرها" (NAS)

"هل تذكر الأرملة الفقيرة؟ التي لمس ما قدمته لمست قلب يسوع أكثر من كل ثروات المعبد."

-لوقا 3:21-
فقال: "الحق أقول لكم إن هذه الأرملة الفقيرة قد ألقت أكثر منكم جميعاً. (NLT)

"هل تذكر الطلب الوحيد الذي طلبه يسوع من بطرس بعد أن غدر به؟"

-يوحنا 17:21-
فسأله مرة ثالثة: "يا سمعان بن يونا، أتحبني؟" فحزن بطرس لأن يسوع قال له في المرة الثالثة: "أتحبني". وقال له: "يارب، أنت تعلم كل شيء. أنت تعلم أني أحبك!" فقال له يسوع: "أطعم خرافي!

عرض خطة يسوع

تدريب القادة

تدريب قادة حقيقيين مبني على الدورة التدريبية الأولى، خلق تلاميذ حقيقيين، ويساعد أولئك الذين قاموا بإنشاء مجموعات تلمذة على أن يصبحوا قادة ويضاعفوا مجموعات أكثر.

نتائج التدريب

بعد الانتهاء من هذه الدورة التدريبية، يمكن للمتعلمين:

* تعليم قادة آخرين عشرة دروس أساسية في القيادة.
* تدريب قادة آخرين بإستخدام عملية يسهل تكرارها قد صاغها يسوع.
* التعرف على أنواع مختلفة من الشخصيات ومساعدة الناس للعمل معاً في فريق واحد.
* وضع خطة إستراتيجية لإشراك الضالين روحانياً في مجتمعاتهم ومضاعفة عدد المجموعات الجديدة.
* فهم كيفية قيادة حركة زرع كنائس.

عملية التدريب

كل دورة من دورات التدريب على القيادة يتبع نفس النمط، على أساس كيفية تدريب يسوع لتلاميذه ليصبحوا قادة. مدى يسوع تدريب التلاميذ كقادة. وفيما يلي مخطط عام للدرس، مع الفترات الزمنية المقترحة.

الحمد والثَّناء

- غناء إثنتين من الترانيم معاً (أو أكثر بقدر ما يتيحه الوقت).

(10 دقائق)

مستوى التقدم

- يقوم قائد بإستعراض مستوى التقدم في دعوتهم منذ أخر لقاء إلتقى فيه القادة. تصلي المجموعة للقائد ودعوته أو دعوتها.

(10 دقائق)

المشكلة

- يطرح المدرب مشكلة شائعة في القيادة، ويقوم بشرحها من خلال قصة أو توضيح شخصي.

(5 دقائق)

الخطة

- يقوم المدرب بتعليم القادة درس بسيط في القيادة والذي بدوره بمنحهم فكرة ومهارة حل مشكلة القيادة.

(20 دقيقة)

الممارسة

- يتم تقسيم القادة إلى مجموعات من أربعة أفراد وممارسة أسلوب التدريب من خلال مناقشة الدرس الذي تعلموه للتو، بما في ذلك:

  - مستوى التقدم الحادث في منطقة القيادة.
  - المشاكل التي يواجهونها في منطقة القيادة.
  - خطط تحسين الأداء خلال الـ 30 يوماً القادمة إستناداً إلى هذا الدرس.
  - المهارة التي سوف يمارسونها خلال الـ 30 يوماً القادمة إستناداً إلى هذا الدرس.

- يقف القادة ويكررون آية الحفظ عشر مرات معاً، ست مرات من الكتاب المقدس، وأربع مرات من الذاكرة.

(30 دقيقة)

الصلاة

- تقوم مجموعات من أربع بتبادل إهتمامات الصلاة ويصلون من أجل بعضهم البعض.

(10 دقائق)

المرحلة النهائية

- ينتهي كل درس بنشاط تعليمي لمساعدة القادة على تطبيق الدرس بسياقهم الخاص.

(15 دقيقة)

مبادئ التدريب

مساعدة الآخرين على أن يصبحوا قادة هو عمل مثير ومطلوب. خلافاً للرأي السائد، القادة يصنعون، ولا يولدون. من أجل خلق مزيد من القادة، يجب أن تكون طريقة تنمية المهارات القيادية دولية ومنهجية. بعض الناس يعتقدون خطأ أن القادة يصبحون قادة بناءاً على شخصيتهم. ومع ذلك، أظهر مسح سريع لقساوسة الكنائس الكبرى في أميركا إختلاف شخصياتهم. بينما نتبع يسوع، فإننا نتبع أعضم قائد على مر العصور ونطور أنفسنا كقادة بأنفسنا.

إن إعداد القادة يحتاج إلى نهج متوازن لتنمية المهارات القيادية. هذا النهج المتوازن يشمل العمل على المعرفة، الشخصية، المهارات، والدوافع. يحتاج المرء إلى كل المكونات الأربع ليكون قائداً فاعلاً. من دون معرفة، تؤدي الإفتراضات الخاطئة وسوء الفهم إلى تضليل القائد. بدون شخصية، يقوم القائد بإرتكاب أخطاء أخلاقية وروحانية من شأنها أن تعيق مهمته. من دون مهارات ضرورية، يخترع القائد أساليب لم يتم تجربتها أو يستخدم وسائل قد عفا عليها الزمن. وأخيراً، القائد الذي تتوافر لديه المعرفة، الشخصية، والمهارة، ولكنه بدون دوافع، سوف يهتم فقط للوضع الراهن والحفاظ على موقعه أو موقعها.

يجب على القادة تعلم الأدوات الأساسية اللازمة لإنجاز هذه المهمة. بعد قضاء وقت كبير في الصلاة، كل زعيم يحتاج إلى رؤية مقنعة. رؤية تجيب على هذا السؤال: "ماذا يجب أن يحدث في المرة القادمة؟" يجب على القادة أن يعرفوا الغرض مما يقومون به. الغرض يجيب على هذا السؤال: "لماذا هو مهم؟" معرفة الجواب على هذا السؤال وجهت العديد من القادة خلال الأوقات الصعبة. لاحقاً، يجب أن يعرف القادة

مهمتهم. يجمع الله الناس في المجتمع لتنفيذ مشيئته. المهمة تجيب على هذا السؤال: "من يحتاج إلى الإنضمام؟" أخيراً، القادة الجيدون يجب أن تكون لديهم أهداف واضحة جلية لإتباعها. عادة، يضع القائد رؤيته، غرضه، ومعمته من خلال أربعة إلى خمسة أهداف. الأهداف تجيب على هذا السؤال، "كيف نفعل ذلك؟"

إكتشفنا مدى صعوبة إختيار القادة الناشئين في مجموعة ما. دائما ما سوف يفاجئك الله بإختياره! إن النهج الأكثر فعالية هو بمعاملة كل شخص كما لو كان/كانت قائداً بالفعل. يمكن للمرء قيادة نفسه حيث يعتبر هذا نوعاً من أنواع القيادة. يصبح الناس قادة أفضل تناسباً مع توقعاتنا (الإيمان). عندما نعامل الناس كتابعين، سوف يصبحوا تابعين. وعندما نعامل الناس كقادة، سوف يصبحوا قادة. لقد إختار يسوع أناس من كافة مستويات المجتمع لإظهار أن القيادة الجيدة تعتمد على الإلتزام بتعاليمه، وليس إعتماداً على العلامات الظاهرة التي غالباً ما يسعى الناس إليها. لماذا لدينا نقص في القادة؟ لأن القادة الحاليين يرفضون منح أشخاص جدد فرصة القيادة.

بعض العوامل تؤدي إلى إيقاف دعوة الرب أسرع من قلة المعرفة بالقيادة الإلهية. للأسف، لقد واجهنا فراغ في القيادة في معظم الأماكن التي قمنا فيها بتدريب الناس (بما في ذلك الولايات المتحدة الأمريكية). القادة الربانيون هم أساس السلام والنعم والحق في المجتمع. وأقتبس هنا قول شهير للعالم ألبرت أينشتاين يمكنني صياغته كالتالي: "لا يمكننا حل مشاكلنا الحالية بمستوى القيادة الحالي." يجعل الرب إتباع تدريب يسوع وسيلة لتجهيز وتحفيز العديد من القادة الجدد. نحن نصلي من أجل أن يحدث الشيء ذاته لك. لعل أعظم قائد على مر العصور أن يملأ قلبك وعقلك ببركاته الروحانية وأن يجعلك قوياً ويزيد من تأثيرك في الآخرين - الإختبار الحقيقي للقيادة.

دراسة إضافية

نحن نعتبر هؤلاء المؤلفين في غاية الأهمية في إعداد تدريب قادة حقيقيين. أول كتاب ننصح بترجمته ضمن هذه المهمة هو الإنجيل. وبعد ذلك، ننصح بترجمة هذه الكتب السبعة وإعتبارها مرجعاً أساسياً من أجل تطوير القيادة الفاعلة:

بلانشارد، كين وهودجز، فيل. إتباع طريقة قيادة يسوع: دروس من أعظم القواعد على مر العصور. توماس نيلسون، 2006.

كلينتون، ج. روبرت. صناعة قائد. مجموعة ناف برس للنشر، 1988.

كولمان، و روبرت. المخطط الرئيسي للتبشير. فليمنغ ريفيل، 1970.

هيتينغا، يان د. إتبعني: تجربة حب قيادة يسوع. ناف برس، 1996.

ماكسويل، جون. تنمية روح القائد بداخلك. توماس نيلسون بابليشرز، 1993.

أوغن، ستيفن ونبيل، توماس. تمكين القادة من خلال التدريب. تشيرش سمارت ريسورسيز، 1995.

ساندرز، أوزفالد. القيادة الروحانية: مبادئ التميز لكل مؤمن. مودي بابليشرز، 2007.

www.ingramcontent.com/pod-product-compliance
Lightning Source LLC
Chambersburg PA
CBHW060709030426
42337CB00017B/2819